Impressum
Verlag: BABADADA GmbH, Nedderfeld 112 , 22529 Hamburg
Geschäftsführer / Verlagsleitung: Harald Hof
Druck: Books on Demand GmbH, In de Tarpen 42, 22848 Norderstedt

Imprint
Publisher: BABADADA GmbH, Nedderfeld 112 , 22529 Hamburg, Germany
Managing Director / Publishing direction: Harald Hof
Print: Books on Demand GmbH, In de Tarpen 42, 22848 Norderstedt

škola
koulu

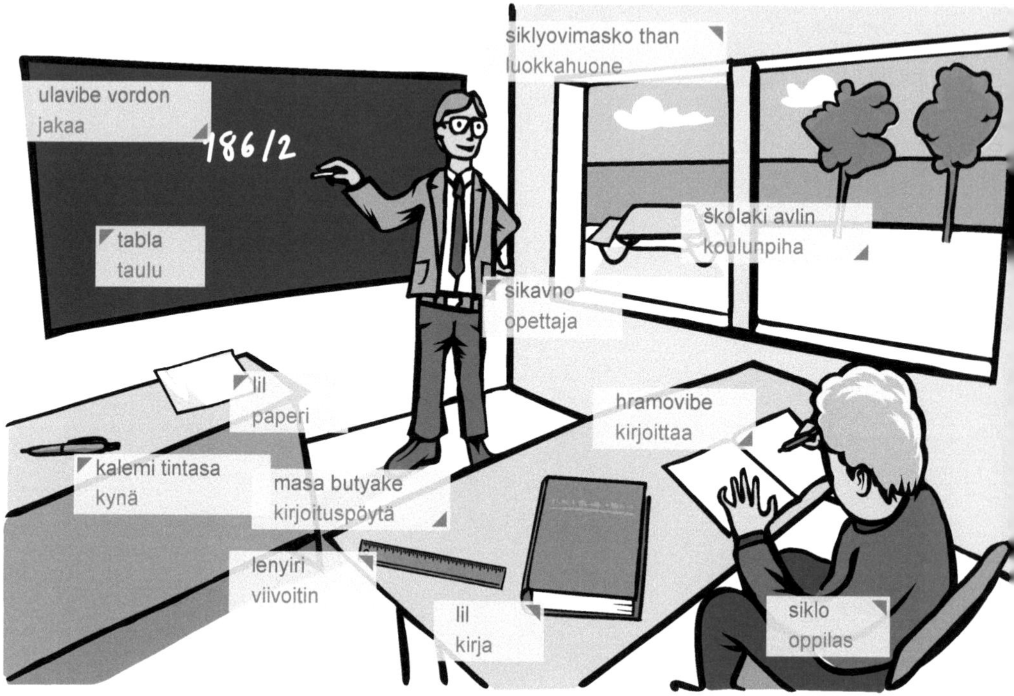
siklyovimasko than
luokkahuone
ulavibe vordon
jakaa
186/2
tabla
taulu
školaki avlin
koulunpiha
sikavno
opettaja
lil
paperi
hramovibe
kirjoittaa
kalemi tintasa
kynä
masa butyake
kirjoituspöytä
lenyiri
viivoitin
lil
kirja
siklo
oppilas

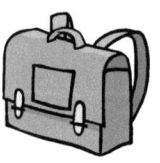

dumeski tašna
reppu

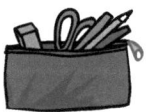

kalemengi kutia
penaali

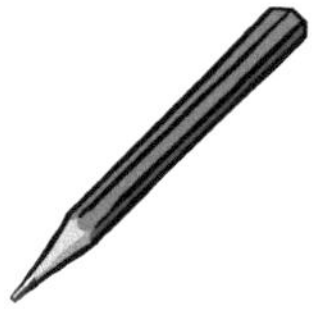

kalemi
lyijykynä

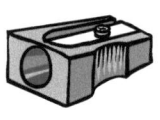

kalemengi čhurori
kynänteroitin

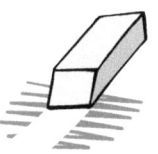

kosimaski guma
pyyhekumi

čitrimasko bloko
piirustuslehtiö

čitribe

piirustus

boyimaski frča

pensseli

boyimaski kutia

vesivärit

kata

sakset

lepako

liima

bukjardarimasko lil

harjoituskirja

khereski buti

kotitehtävä

gendo

luku

džide

lisätä

ikal

vähentää

multiplicirin

kertoa

kalkulirin

laskea

hramome lil

kirjain

alfabeta

aakkoset

lafo

sana

teksti

teksti

drabaribe

lukea

kreda

liitu

lekciya

oppitunti

Klasesko registro

opettajan muistikirja

egzameni

koe

sertifikato

todistus

školaki uniforma

koulupuku

edukacia

koulutus

enciklopedia

sanakirja

univerziteto

yliopisto

mikroskopo

mikroskooppi

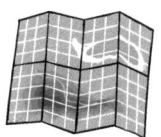

mapa

kartta

korpa čhudimaske lila

roskakori

dromaripe
matka

hoteli
hotelli
Lačhi blevel!
retkeilymaja
ROOMS
EXCHANGE
biro baši devize
rahanvaihto
koferi
matkalaukku
vordon
auto

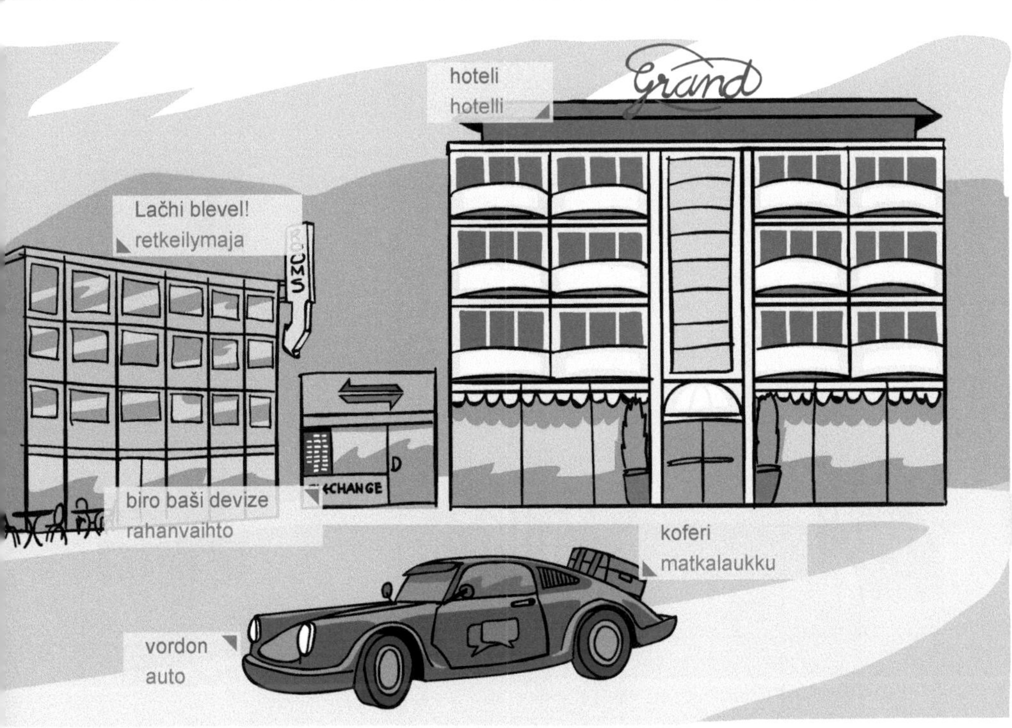

ćhib

kieli

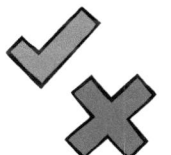

va / na

kyllä / ei

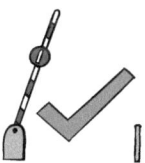

Okay

selvä

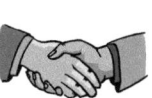

Namaste

hei

tumači

tulkki

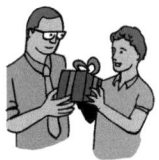

Ov sasto

kiitos

Kozom si...?

Paljonko...maksaa?

Na havava

en ymmärrä

problemo

ongelma

Lačhi rat!

Hyvää iltaa!

Lačhi javin!

Hyvää huomenta!

Lačhi rat!

Hyvää yötä!

ačhon Devlesa

näkemiin

dromeski sikavin

suunta

bagaži

matkatavarat

gono

laukku

dumesko gono

reppu

misafiri

vieras

kamara

huone

sovimasko gono

makuupussi

cerha

teltta

turistikani informacia

turisti-info

plaža

ranta

kreditno kartica

luottokortti

javinako habe

aamupala

kušluko

lounas

ratyako habe

päivällinen

karta

matkalippu

elevatori

hissi

marka

postimerkki

simantra

raja

adetia

tulli

ambasada

suurlähetystö

viza

viisumi

pašaporti

passi

transporti
kuljetus

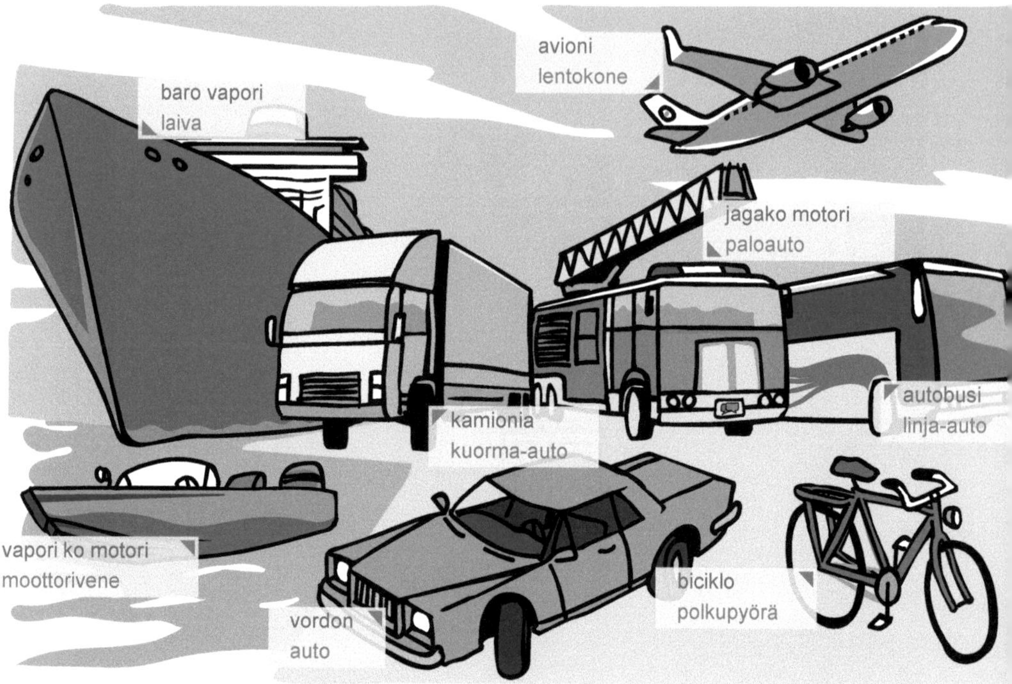

avioni
lentokone
baro vapori
laiva
jagako motori
paloauto
autobusi
linja-auto
kamionia
kuorma-auto
vapori ko motori
moottorivene
biciklo
polkupyörä
vordon
auto

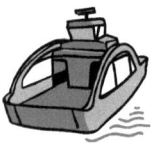

feri vapori

lautta

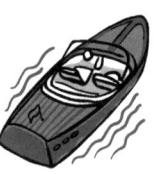

vapori

vene

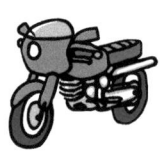

motorciklo

moottoripyörä

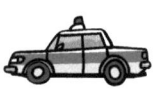

policiako vordon

poliisiauto

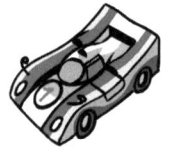

prastamasko vordon

kilpa-auto

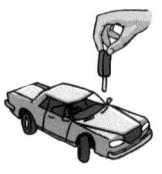

rentakar

vuokra-auto

ulavibe vordon

car sharing

rumosardo kamioni

hinausauto

kamionengo than

roska-auto

motori

moottori

petroli

polttoaine

petrolesko stasioni

huoltoasema

trafikoskere išaretia

liikennemerkki

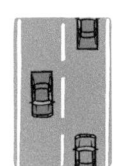

trafiko

liikenne

baro trafiko

ruuhka

ordonesko parkirimasko
than

parkkipaikka

pampurengo stasioni

rautatieasema

kamionia

raiteet

pampuri

juna

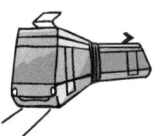

tramvaj

raitiovaunu

vagoni

vaunu

helikopteri

helikopteri

aeroporti

lentokenttä

kula

lähilennonjohto

dromarutno

matkustaja

kontejneri

kontti

kartoni

pahvilaatikko

vordonoro

kärryt

sevli

kori

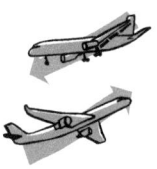

urjalipasko starto /
urjalipasko agor

nousta / laskea

diz
kaupunki

gav

kylä

dizyako centro

keskusta

kher

talo

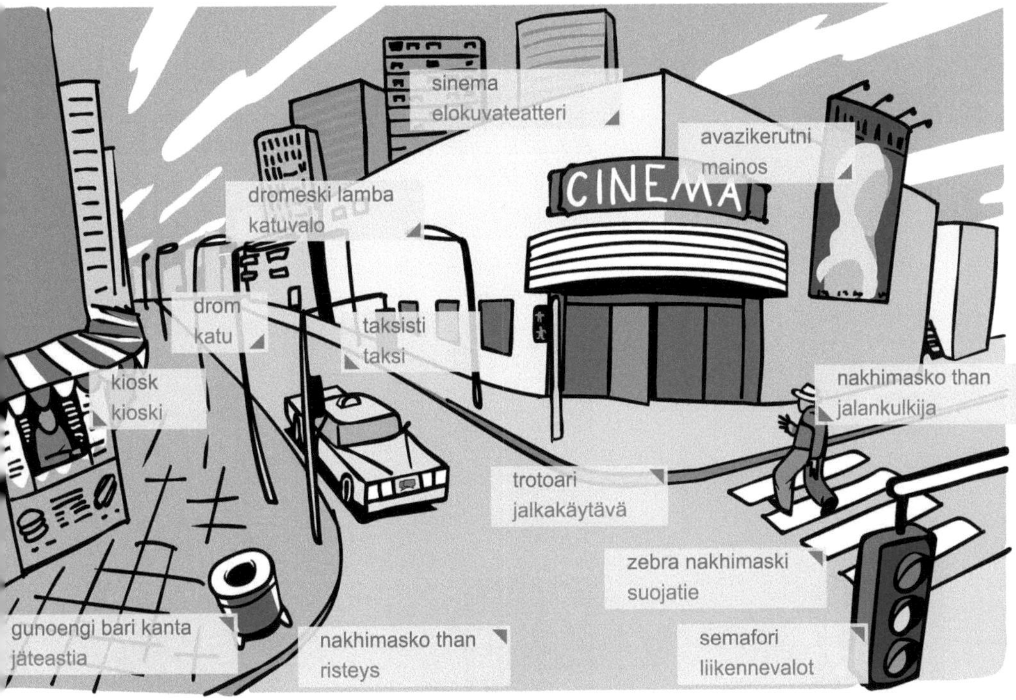

CINEMA
sinema
elokuvateatteri
avazikerutni
mainos
dromeski lamba
katuvalo
drom
katu
taksisti
taksi
kiosk
kioski
nakhimasko than
jalankulkija
trotoari
jalkakäytävä
zebra nakhimaski
suojatie
gunoengi bari kanta
jäteastia
nakhimasko than
risteys
semafori
liikennevalot

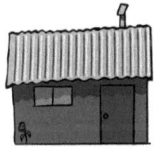

koliba

mökki

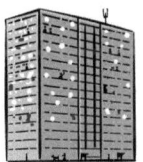

apartmani

kerrostalo

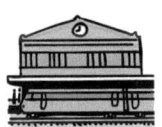

pampurengo stasioni

rautatieasema

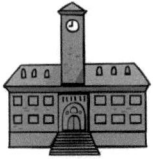

dizyaki sala

kaupungintalo

MUSEUM

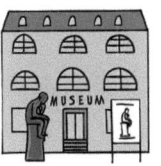

muzeji

museo

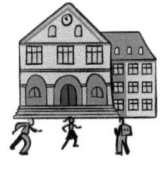

škola

koulu

univerziteto

yliopisto

banka

pankki

hospitalo

sairaala

hoteli

hotelli

apoteka

apteekki

ofiso

toimisto

lil bikinimasko than

kirjakauppa

dukyano

liike

lulugengo bikinutno

kukkakauppa

supermarket

supermarketti

kurko

tori

baro bikinimasko kher

tavaratalo

mačhengo astarutno

kalakauppias

kinimasko centro

ostoskeskus

vaporengo ačhovimasko than

satama

parko

puisto

klupa

penkki

purt

silta

merdevenya

portaat

metro stasioni

metro

tuneli

tunneli

autobuseski adžikerin

linja-autopysäkki

bar

baari

restorani

ravintola

poštako mohto

postilaatikko

dromesko išareti

katukyltti

parking than

parkkimittari

zoo

eläintarha

nangyovimasko bazeni

uimala

džamiya

moskeija

farma
....
maatila

melalipe
....
ympäristön saastuminen

limorengo than
....
hautausmaa

khangeri
....
kirkko

khelimasko than
....
leikkikenttä

hramo
....
temppeli

pejzaži
maisema

patrin
lehti

išareti
tienviitta

drom
tie

livazin
niitty

bar
kivi

phiravno
retkeilijä

kašt
puu

len
joki

čar
ruoho

luludi
kukka

harno than

laakso

bairi

vuori

devrijal

järvi

veš

metsä

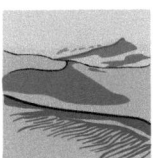

mulano than

aavikko

vulkano

tulivuori

saraji

linna

renkali badalin

sateenkaari

gaba

sieni

palma kašt

palmu

sivrija

hyttynen

mak

kärpänen

karandža

muurahainen

birumni

mehiläinen

pauko

hämähäkki

buba

kovakuoriainen

žamba

sammakko

ververica

orava

kanzauri

siili

šošoj

jänis

buf

pöllö

pakšin

lintu

lebedi

joutsen

bali

villisika

eleno

peura

eleno

hirvi

pani garavin

pato

bavlalaki turbina

tuulimylly

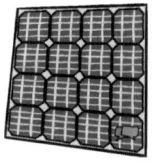

solarno paneli

aurinkopaneeli

klima

ilmasto

restorani
ravintola

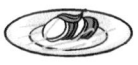

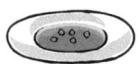

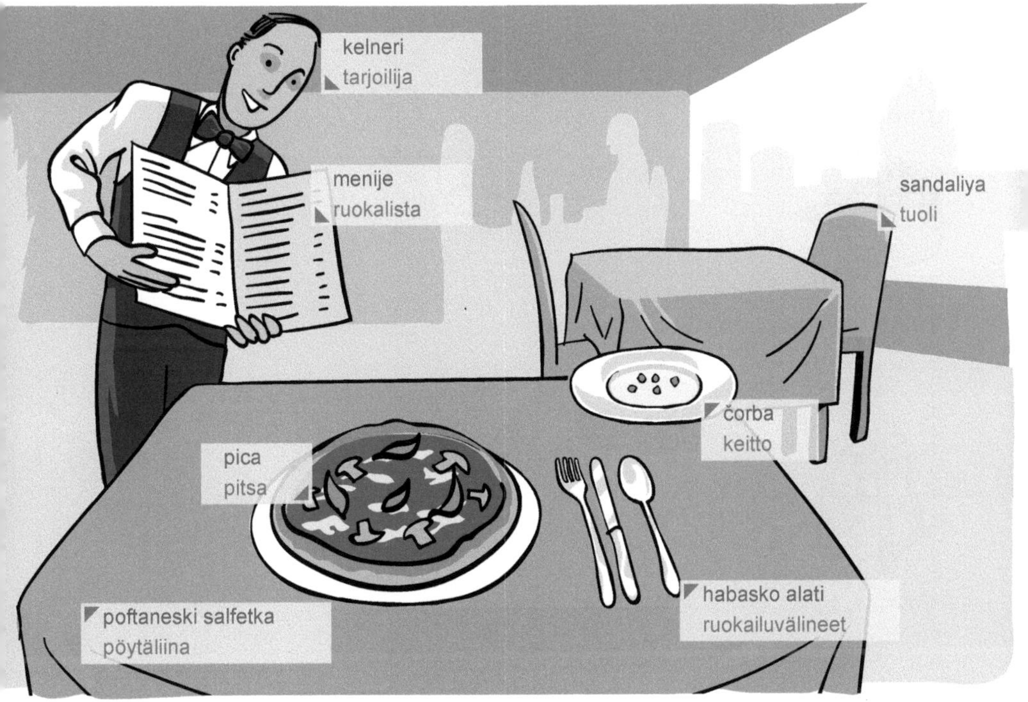
kelneri
tarjoilija
menije
ruokalista
sandaliya
tuoli
čorba
keitto
pica
pitsa
habasko alati
ruokailuvälineet
poftaneski salfetka
pöytäliina

avgo habe
alkuruoka

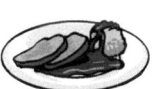

šerutno habe
pääruoka

gudlimata
jälkiruoka

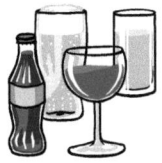

piiba
juomat

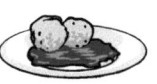

habe
ruoka

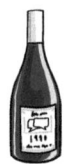

šiša
pullo

fast food
pikaruoka

sokakongo habe
katuruoka

čajniko
teekannu

šekereskoro čaroro
sokeriastia

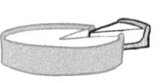

porcia
annos

makina vaš espresso
espressokeitin

uči sandaliya
syöttötuoli

esapi
lasku

apladiya
tarjotin

čhuri
veitsi

vilyuška
haarukka

roj
lusikka

čajeski roj
teelusikka

salfetka
servietti

tahtai
lasi

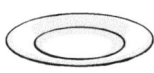

čaro
lautanen

čaro čorbake
syvä lautanen

hor čaro
aluslautanen

sosi
kastike

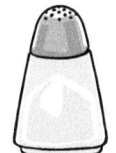

londesko čaroro
suolasirotin

kale biberesko pišlo
pippurimylly

šut
etikka

zejtini
öljy

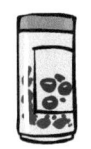

začinia
mausteet

kečap
ketsuppi

senf
sinappi

majonezi
majoneesi

supermarket
supermarketti

specialno oferta
tarjous
FOR
mušteriya
asiakas
thudeske butya
maitotuotteet
emiši
hedelmät
vordonoro
ostoskärryt

BUTCHERS

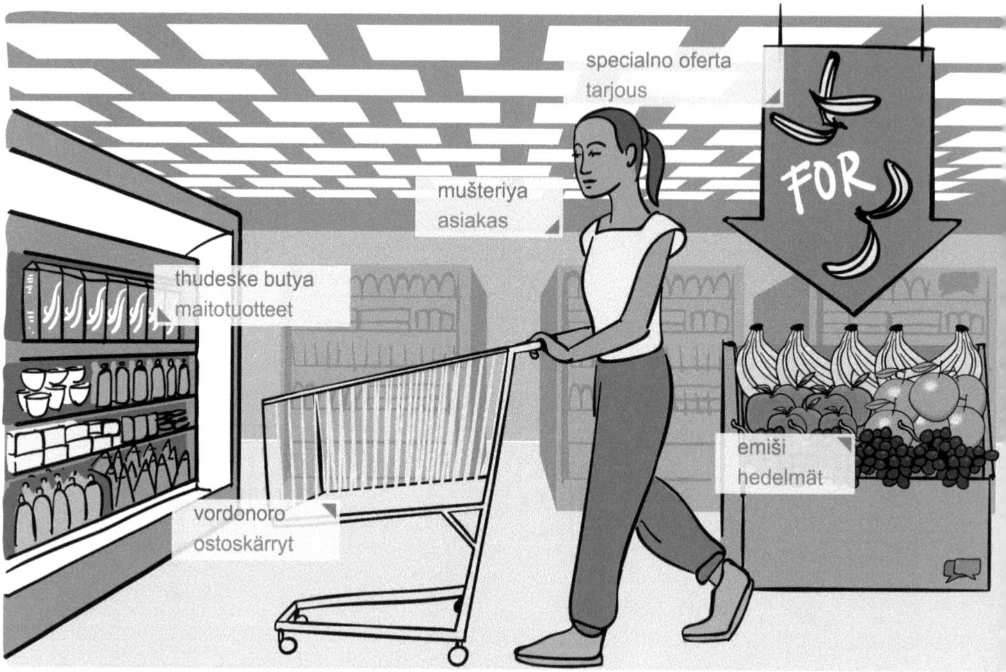

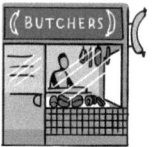

kasapi

teurastamo

BAKERY

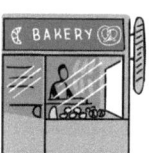

furuna

leipomo

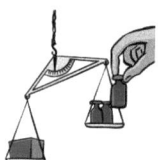

ladavipe

punnita

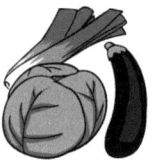

zarzavati

kasvikset

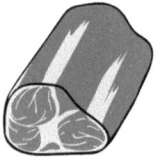

masesko rolati

liha

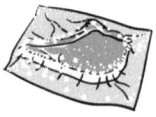

pahome habe

pakasteet

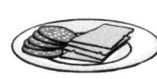

šudro mas

leikkele

konzerva

säilykkeet

thovimasko prašako

pesujauhe

gudlimata

makeiset

khereske butya

kotitaloustarvikkeet

užarimaske butya

puhdistusaineet

bikinutno

myyjä

kasapi

kassa

kasieri

kassanhoitaja

kinimaski patrin

ostoslista

putarimaske satura

aukioloajat

lovengi tašna

lompakko

kreditno kartica

luottokortti

gono

kassi

plastikano gono

muovipussi

pani

vesi

džus

mehu

thud

maito

kola

kokis

mol

viini

bira

olut

alkohol

alkoholi

kakao

kaakao

čaj

tee

kafa

kahvi

espresso

espresso

cappuccino

cappuccino

banana

banaani

phabaj

omena

portokali

appelsiini

kavuni

meloni

limoni

sitruuna

karota

porkkana

sir

valkosipuli

bambusi

bambu

purum

sipuli

gaba

sieni

akhora

pähkinät

humereske butya

spagetti

špageti

spagetti

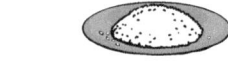

rezo

riisi

salata

salaatti

čipsi

ranskalaiset

peke kompiria

paistetut perunat

pica

pitsa

hamburger

hampurilainen

sendviči

voileipä

kotleti

leike

žamboni

kinkku

salama

salami

goja

makkara

khajnako mas

kana

peko

paisti

mačho

kala

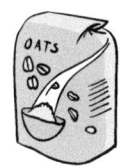

popara
kaurahiutaleet

musli
mysli

kornfleks
murot

varo
jauho

kroasani
voisarvi

maseeko rolati
sämpylä

maro
leipä

tosti
paahtoleipä

biskotia
keksit

puteri
voi

urda
rahka

torta
kakku

jaro
kananmuna

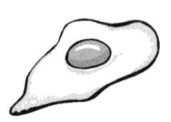

peke jare
paistettu kananmuna

kiral
juusto

šudro gudlo

jäätelö

šekeri

sokeri

avgin

hunaja

džem

hillo

čokoladaki krema

suklaapähkinälevite

kari

curry

farma

maatila

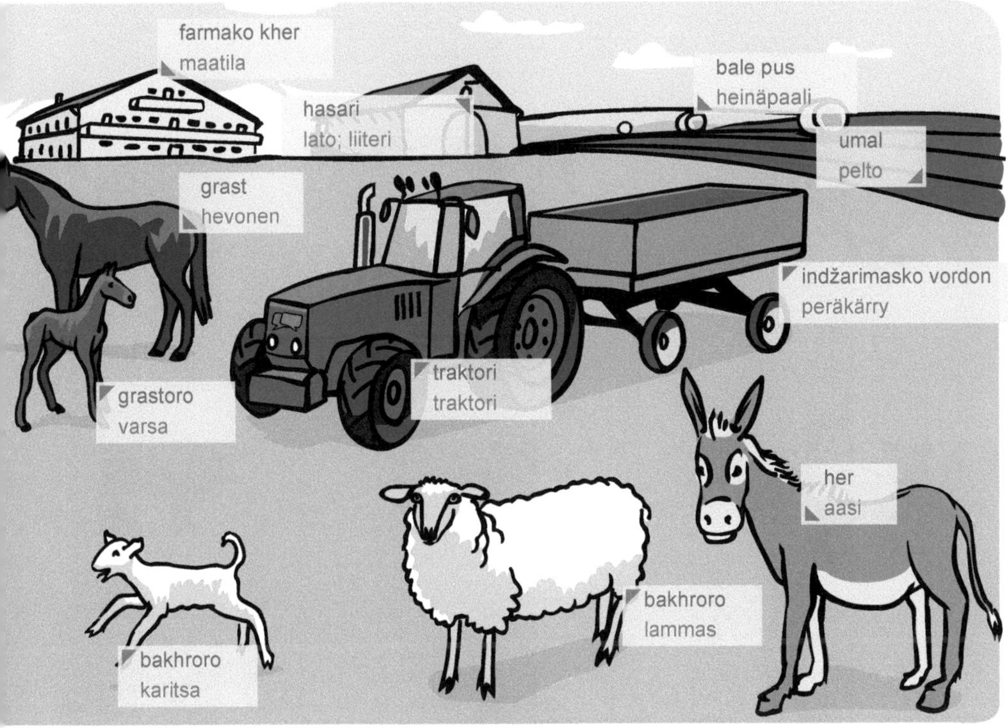

farmako kher
maatila
hasari
lato; liiteri
bale pus
heinäpaali
umal
pelto
grast
hevonen
indžarimasko vordon
peräkärry
traktori
traktori
grastoro
varsa
her
aasi
bakhroro
lammas
bakhroro
karitsa

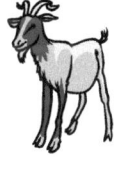

buzno

vuohi

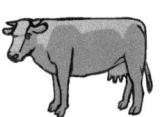

guruvni

lehmä

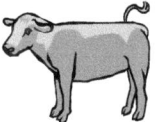

guruvoro

vasikka

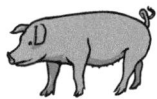

balo

sika

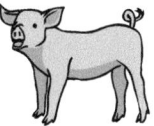

baloro

porsas

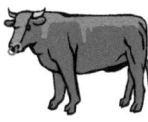

guruv

sonni

papin

hanhi

payka

ankka

piliČka

tipu

khayni

kana

bašno

kukko

baro germuso

rotta

bilika

kissa

germuso

hiiri

guruv

härkä

džukel

koira

džukelesko kher

koirankoppi

žardina

puutarhaletku

panyarimaski kanta

kastelukannu

aindžako kidimasko alati

viikate

plugo

aura

srpo

sirppi

motika

kuokka

aindžaki vilyuška

talikko

tover

kirves

vordonoro phiravutno

kottikärryt

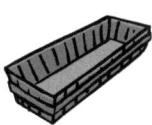

balani

kaukalo

thudeski šiša

maitokannu

harari

säkki

trujalutni

aita

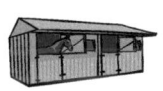

jahri

talli

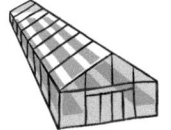

haryalo kher

kasvihuone

phuv

maa

seme

siemen

gyubre

lannoite

aindžako kidipe

leikkuupuimuri

kidibe aindž

kerätä sato

harmani

sato

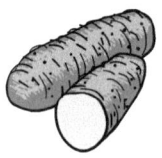

phuvaki phabaj

jamssit

giv

vehnä

soja

soija

kompiri

peruna

mumuruzi

maissi

šarlagani

rypsi

emišengo kašt

hedelmäpuu

Kasava

maniokki

giveskere javinlukoja

vilja

kher

talo

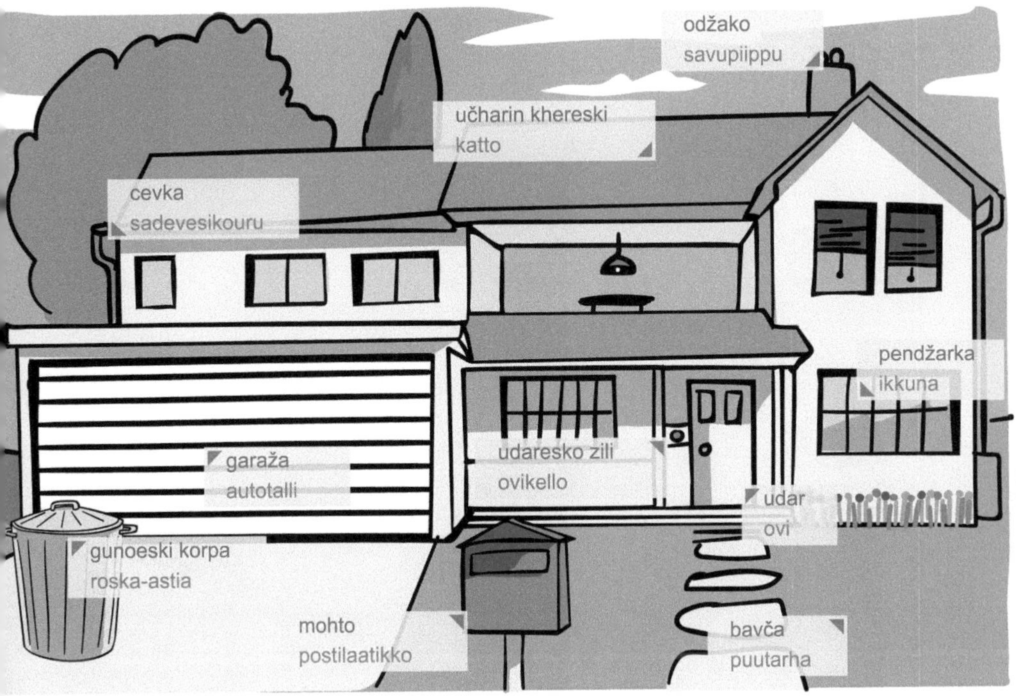
odžako
savupiippu
učharin khereski
katto
cevka
sadevesikouru
pendžarka
ikkuna
garaža
autotalli
udaresko zili
ovikello
udar
ovi
gunoeski korpa
roska-astia
mohto
postilaatikko
bavča
puutarha

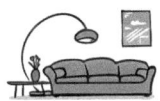

bešimaski kamara

olohuone

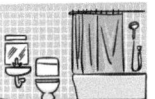

banya

kylpyhuone

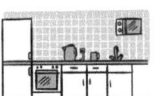

kujna

keittiö

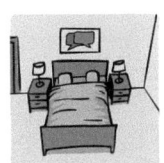

sovimasko than

makuuhuone

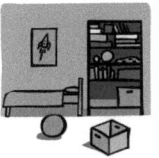

čhavengi kamara

lastenhuone

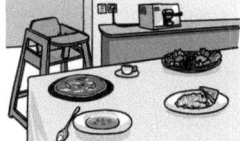

than hajbaske rakjako habe

ruokahuone

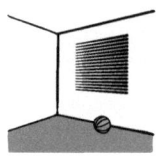

kati
lattia

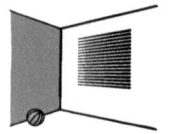

duvari
seinä

tavano
katto

špajzi
kellari

sauna
sauna

terasa
parveke

terasa
terassi

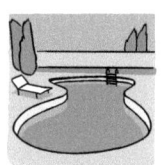

bazeni
uima-allas

čar harnyarimaski makina
ruohonleikkuri

patrin
lakana

čaršafia
päiväpeitto

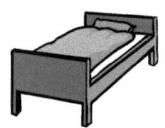

kreveto
sänky

šulavni
harja

korpa
ämpäri

elektrikani phabarin
katkaisin

bešimaski kamara

olohuone

tapeta
tapetti
tasviri
kuva
lamba
lamppu
rafti
hylly
ormari
kaappi
televiziya
televisio
jagako than
takka
luludi
kukka
šerand
tyyny
sofa
sohva
vazna
maljakko
durutni komanda
kaukosäädin

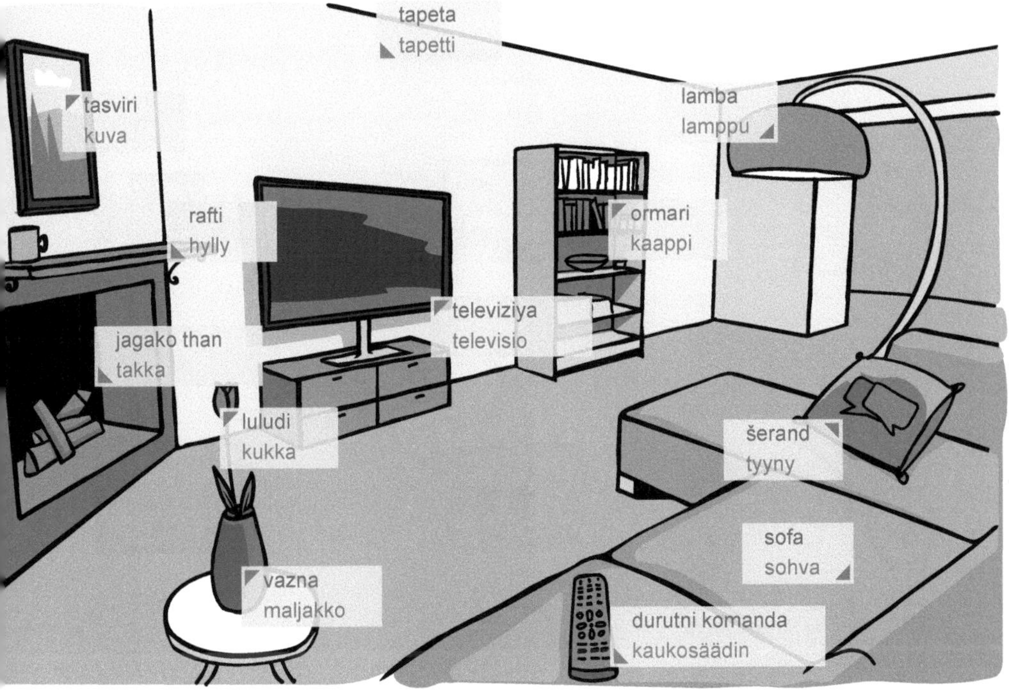

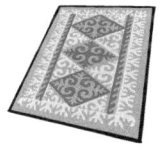

kilimi

matto

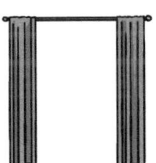

perde

verho

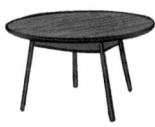

masa

pöytä

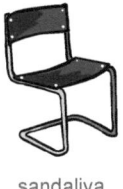

sandaliya

tuoli

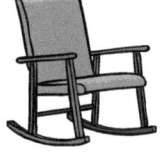

kunajka sandaliya

keinutuoli

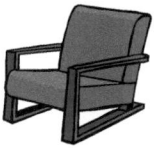

fotelya

nojatuoli

lil

kirja

kebe

peitto

dekoraciya

koriste

kašta phabarimaske

polttopuut

filmi

elokuva

stereo ašunimaske butya

stereot

nahtari

avain

gazeta

sanomalehti

frčaja bojakeribe

maalaus

posteri

juliste

radio

radio

hramovimasko bloko

muistivihko

elektrikani šulavni

pölynimuri

kaktusi

kaktus

momoli

kynttilä

kujna
keittiö

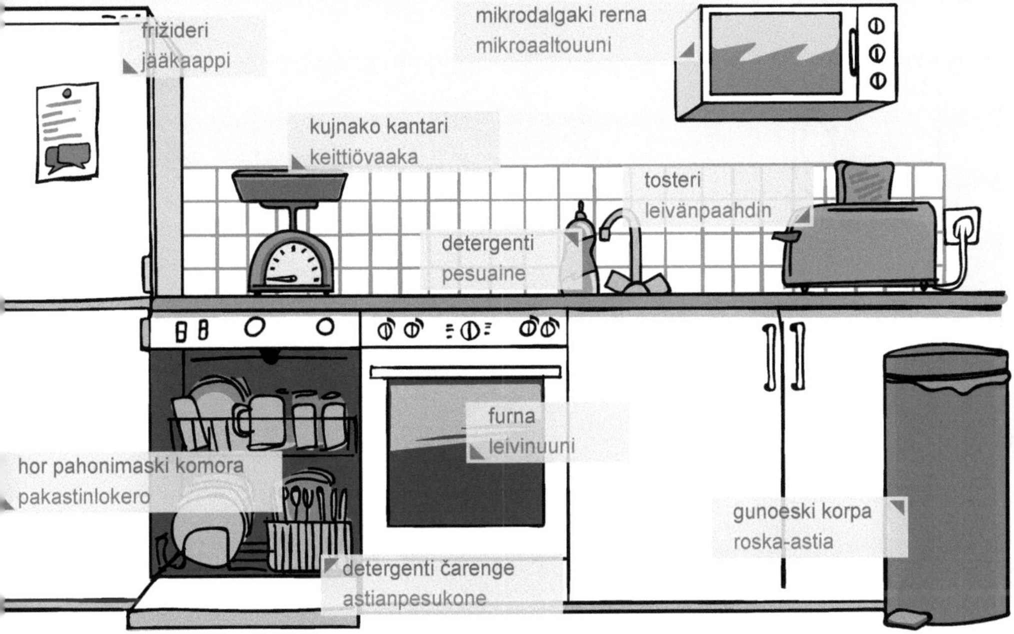

frižideri
jääkaappi
mikrodalgaki rerna
mikroaaltouuni
kujnako kantari
keittiövaaka
tosteri
leivänpaahdin
detergenti
pesuaine
furna
leivinuuni
hor pahonimaski komora
pakastinlokero
gunoeski korpa
roska-astia
detergenti čarenge
astianpesukone

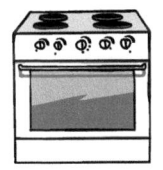

keravimasko than

liesi

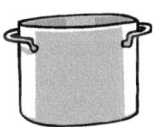

čaro

kattila

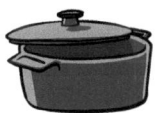

sastrnali tendžera

rautapata

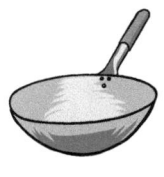

vok cihani

vokkipannu / kadai-pannu

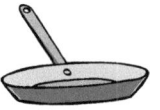

tava

paistinpannu

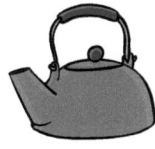

elektrikano bokali

teepannu

tendžera ki para

höyrykeitin

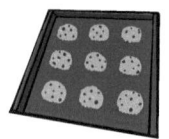

tepsija

uunipelti

čare

astiat

bareder fildžano

muki

čaro

kulho

kinakere habaskere kaštore

syömäpuikot

fioka

kauha

špatula

paistinlasta

vastesko mikseri

vispilä

cedimasko čaro

siivilä

porizen

siivilä

rende

raastin

avano

mortteli

skara

grilli

puteribe jag

avotuli

čhinimaski tabla

leikkuulauta

oklagia

kaulin

puterimasko alati

korkinavaaja

konzerva

purkki

konzervako puterutno

purkinavaaja

čaresko ikerutno

pannulappu

lavabo

lavuaari

frča

tiskiharja

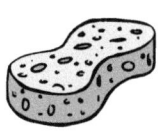

sungeri

pesusieni

mikseri

tehosekoitin

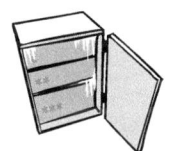

hor pahonimasko frižideri

pakastin

bebeski šiša

tuttipullo

češma

vesihana

banya
kylpyhuone

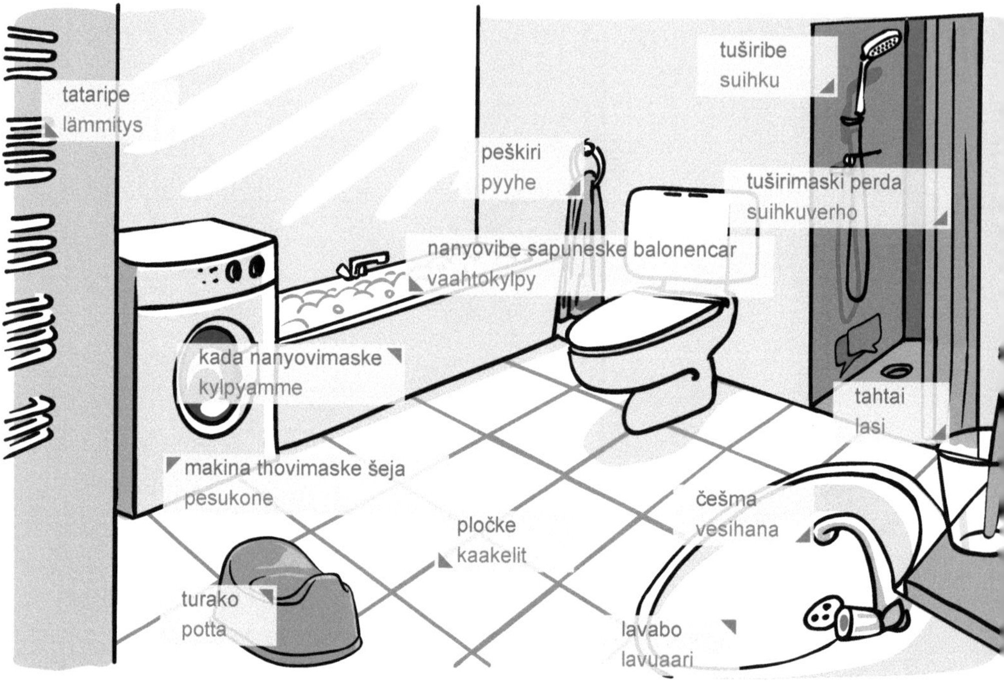

tataripe
lämmitys
peškiri
pyyhe
tuširibe
suihku
tuširimaski perda
suihkuverho
nanyovibe sapuneske balonencar
vaahtokylpy
kada nanyovimaske
kylpyamme
tahtai
lasi
makina thovimaske šeja
pesukone
česma
vesihana
pločke
kaakelit
turako
potta
lavabo
lavuaari

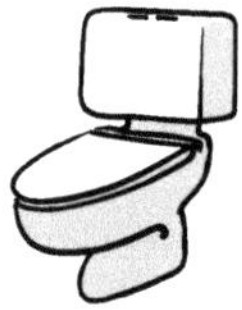

toaleti
....
vessa

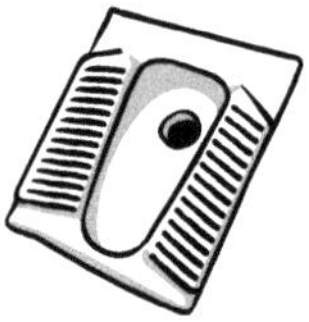

toaleti bešimasa ko pundre
....
kyykkyvessa

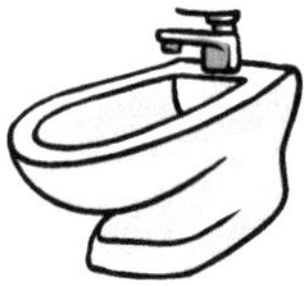

bide
....
bidee

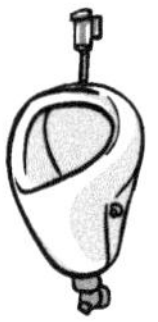

pisoari
....
pisuaari

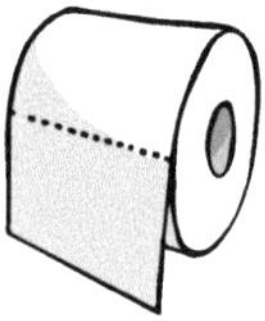

toaletesko lil
....
vessapaperi

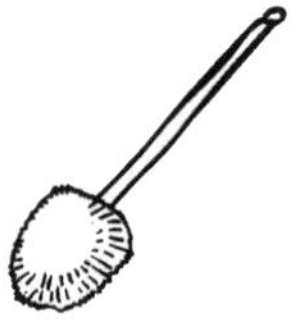

frča toaleteske
....
vessaharja

danda thovimaski frča

hammasharja

danda thovimaski krema

hammastahna

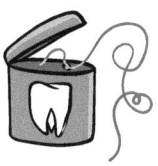

dandesko thav

hammaslanka

thovibe danda

pestä

vasteskoro tuši

käsisuihku

tuši

intiimisuihku

lavabo

pesuvati

dumeski frča

selkäharja

sapuni

saippua

tuširimasko geli

suihkugeeli

šamponi

shampoo

flanela

pesulappu

kada ćidimaske pani

viemäri

krema

voide

dezodoransi

deodorantti

ajna
peili

vasteski ajna
käsipeili

žileti moravimaske
partaveitsi

moravimaski pena
partavaahto

palal muravimaski krema
partavesi

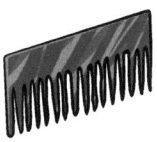

kanglik
kampa

frča
harja

feni balenge
hiustenkuivaaja

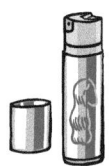

sprej balenge
hiuslakka

šminka
meikki

karmini
huulipuna

oja najenge
kynsilakka

pamuko pošom
pumpuli

kata najenge
kynsisakset

parfemi
hajuvesi

gono thovimaske
kosmetiikkalaukku

sandaliya
jakkara

tereziya
vaaka

bademantili
kylpytakki

gumena kalcunya
kumihansikkaat

tamponi
tamponi

toaletno lil
terveysside

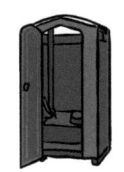

hemikano toaleti
kemiallinen wc

čhavengi kamara
lastenhuone

alarmesko sato
herätyskello
mangli khelutni
pehmolelu
vordonora khelimaske
leikkiauto
tropalka
helistin
bebedžikongo kher
nukkekoti
bakšiši
lahja

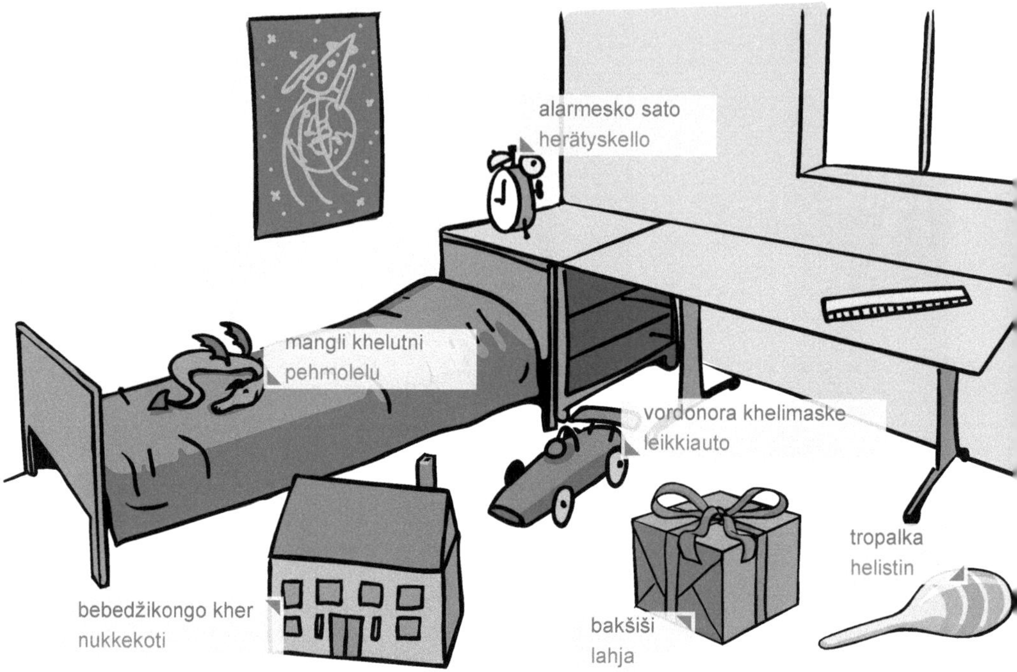

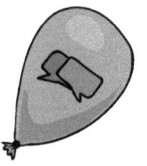

baloni

ilmapallo

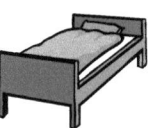

kreveto

sänky

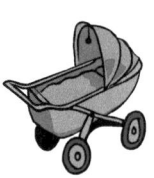

bebengo vordon

lastenvaunut

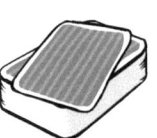

špili karte

korttipeli

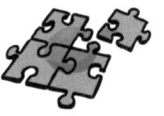

ker-rumin khelin

palapeli

komikano lil

sarjakuva

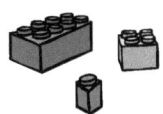

lego kocke

legopalikat

kocke khelimaske

rakennuspalikat

akciaki figura

supersankari

bodi bebeske

potkupuku

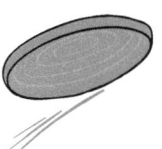

frizbi

frisbee

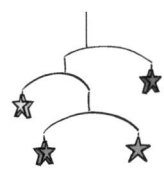

mobile

mobile

masa khelimaske

lautapeli

zari

noppa

pampuri khelimaske

pienoisjunarata

cucla

tutti

bahlana

juhlat

tasvirengo lil

kuvakirja

topka

pallo

bebedžiko

nukke

khelibe

leikkiä

pošikako than
hiekkalaatikko

kuna
keinu

khelimaske butya
lelut

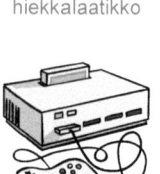

konzola video khelimaske
pelikonsoli

triciklo
kolmipyörä

poftaneski ričini
nalle

garderoba
vaatekaappi

šeja
vaatteet

kalcunya
sukat

khuvde kalcunya
nylonsukat

hulahopke
sukkahousut

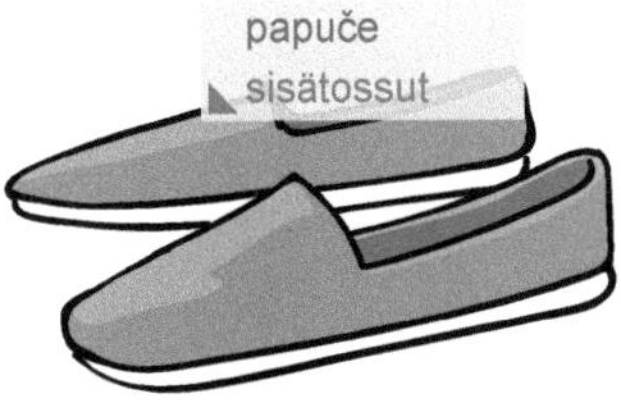

momija
kaulaliina

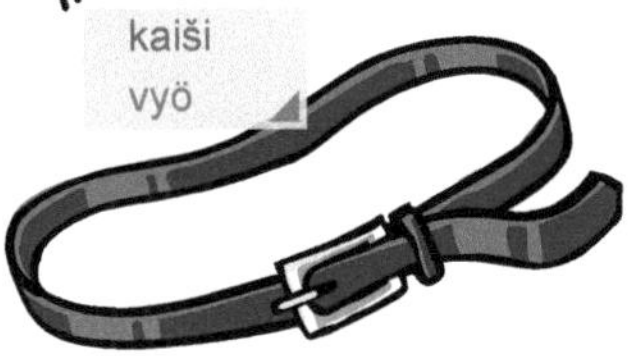

kaiši
vyö

čadori
sateenvarjo

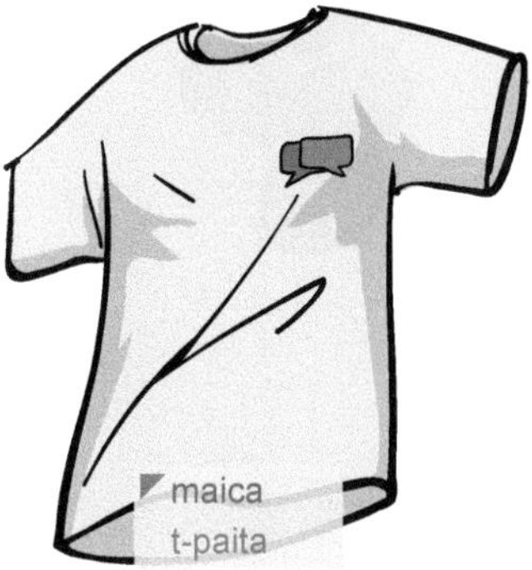

maica
t-paita

čizme
saappaat

papuče
sisätossut

trenerke
lenkkarit

sandale
....
sandaalit

menije
....
kengät

gumena čizme
....
kumisaappaat

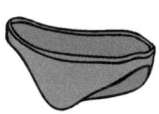

sostenya
....
alushousut

eleko
....
rintaliivit

jeleko
....
aluspaita

bodi
body

pantalonya
housut

farmerke
farkut

suknya
hame

bluza
pusero

gat
paita

puloveri
villapaita

dukseri
collegepaita

harno kaputi
jakku

džeketi
takki

kaputi
takki

biršimdesko mantili
sadetakki

kostimi
puku

fustano
mekko

prandinako fustano
hääpuku

kostumi

puku

rakjako fustano

yöpaita

pižame

pyjama

sari

shari

momija šereske

päähuivi

turbani

turbaani

burka

burka

kaftani

kaftaani

abaya

abaya

nangyovimaske šeja

uimapuku

buxle pantolonya

uimahousut

harne pantolonya

shortsit

sporteske trenerke

verkkarit

kecelya

esiliina

vasteske kalcunya

käsineet

kopča

nappi

gjuzlukya

silmälasit

belegziya

rannekoru

mirikle

kaulakoru

angrustik

sormus

čeni

korvakoru

stadik

lippalakki

kaputeski čiviya

ripustin

stadik

hattu

kravata

solmio

patenti

vetoketju

kaciga

kypärä

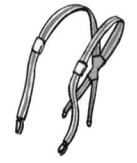

dandenge proteze

henkselit

školaki uniforma

koulupuku

uniforma

univormu

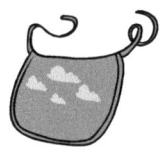

ligarka

ruokalappu

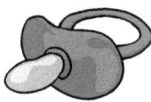

cucla

tutti

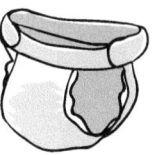

pherno

vaippa

ofiso

toimisto

serveri
palvelin
raftija dokumentenca
asiakirjakaappi
printeri
tulostin
lil
paperi
monitori
näyttö
mausi
hiiri
masa butyake
kirjoituspöytä
folderi
kansio
tastatura
näppäimistö
korpa čhudimaske lila
roskakori
kompjuteri
tietokone
sandaliya
tuoli

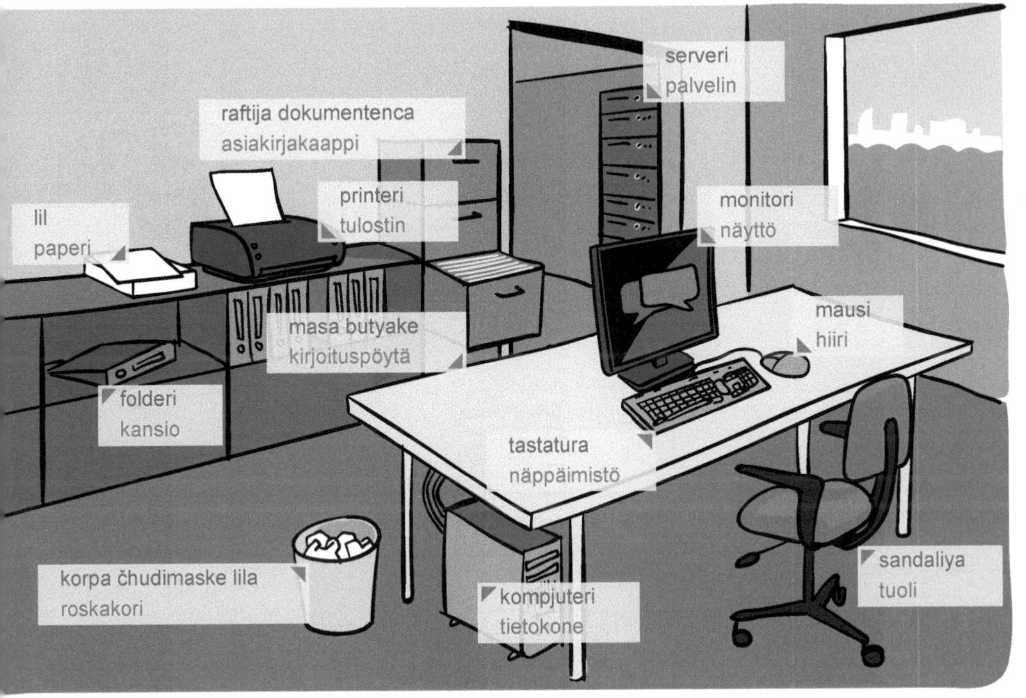

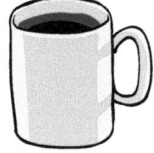

fildžano kafake

kahvimuki

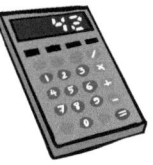

kalkulatori

taskulaskin

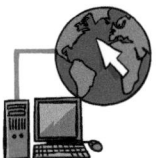

internet

internet

laptop

kannettava tietokone

lil

kirje

mesaži

viesti

mobilno telefono

kännykkä

netvorko

verkko

kopirimaski makina

kopiokone

softveri

ohjelmisto

telefono

puhelin

štekeri

pistorasia

faks makina

faksi

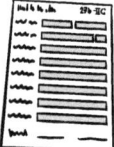

formulari

lomake

dokumento

asiakirja

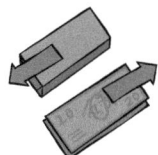

kinibe

ostaa

pokinibe

maksaa

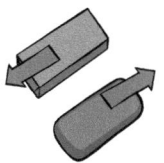

kino-bikinibe

vaihtaa

love

raha

dolari

dollari

euro

euro

jeni

jeni

rublya

rupla

švajcariako franko

frangi

renminbi juan

renminbi juan

rupija

rupia

lovengo automati

pankkiautomaatti

biro baši devize

rahanvaihto

somnakaj

kulta

rup

hopea

petroli

öljy

energia

energia

fiyati

hinta

kontrakto

sopimus

taksa

vero

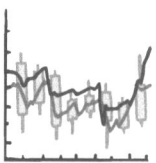

berzaki akcija

osake

butikeribe

työskennellä

butyarno

työntekijä

butyako dendutno

työnantaja

fabrika

tehdas

dukyano

liike

ekonomia - talous

profesie
ammatit

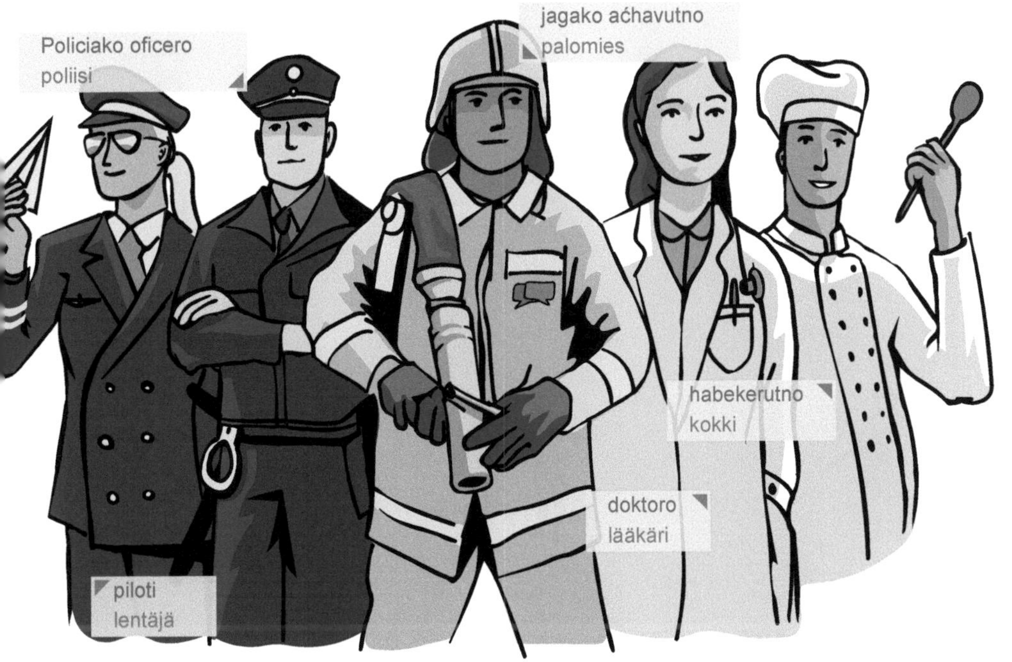

Policiako oficero
poliisi
jagako aćhavutno
palomies
habekerutno
kokki
doktoro
lääkäri
piloti
lentäjä

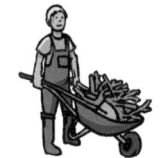

bavčako butyarno
....
puutarhuri

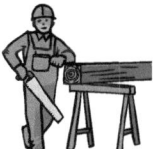

tišleri
....
puuseppä

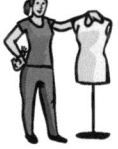

šnajderka
....
ompelija

krisuno
....
tuomari

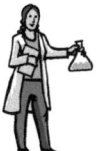

hemičari
....
kemisti

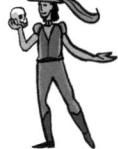

akteri
....
näyttelijä

autobusesko šoferi

linja-autonkuljettaja

taksisti

taksinkuljettaja

mačhengo astarutno

kalastaja

užarutni

siivooja

učharinengo kerutno

katontekijä

kelneri

tarjoilija

avdžija

metsästäjä

tasvirkerutno

maalari

furnadžia

leipuri

elektrikako phirno

sähköasentaja

tamirutno

rakentaja

inžinjeri

insinööri

kasapi

teurastaja

panjesko butyarno

putkiasentaja

poštari

postinjakaja

askeri

sotilas

arhitekto

arkkitehti

kasieri

kassanhoitaja

luludyari

floristi

frizeri

kampaaja

kondukteri

konduktööri

mekanisti

mekaanikko

kapetani

kapteeni

dandengo saslyarno

hammaslääkäri

vigjanalo manuš

tiedemies

rabini

rabbi

imami

imaami

rašaj

munkki

rašaj

pappi

alatia
työkalut

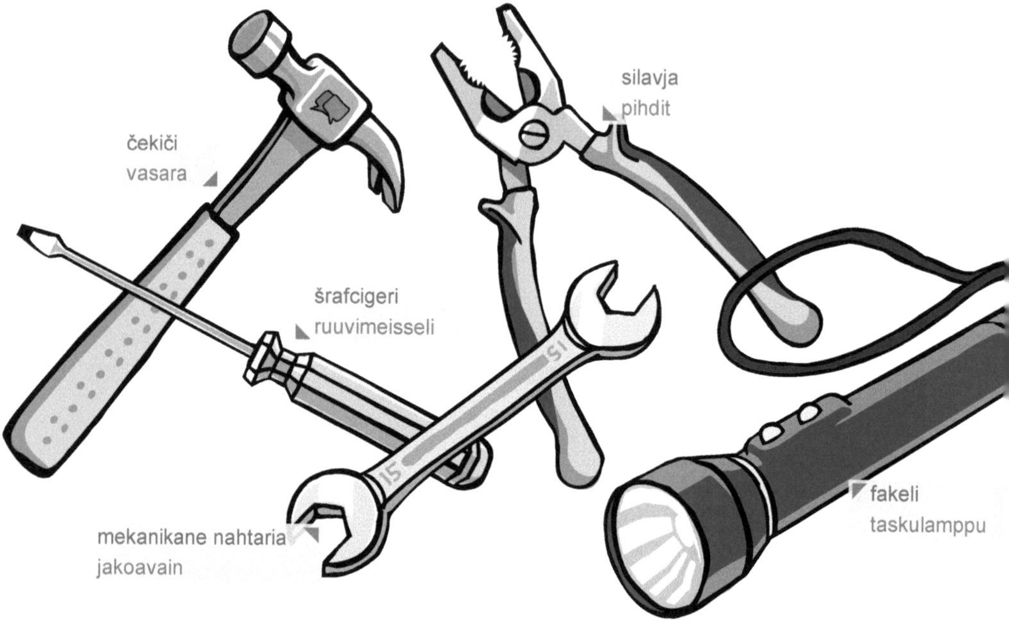

silavja
pihdit
čekiči
vasara
šrafcigeri
ruuvimeisseli
fakeli
taskulamppu
mekanikane nahtaria
jakoavain

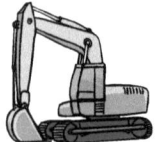

hrandimasko alati

kaivinkone

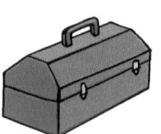

alateski kutia

työkalupakki

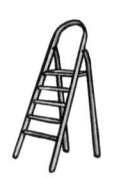

merdeveni

tikkaat

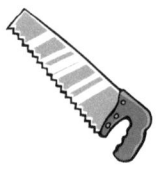

pila

saha

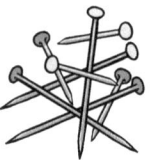

karfa

naulat

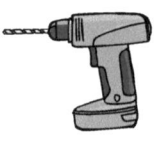

posavin

pora

lačharkeribe

korjata

lopata

lapio

Naleti!

Hitto!

vatrali

rikkalapio

lonco bojimaske

maalipurkki

šrafja

ruuvit

muzikane instrumentia
soittimet

davulenge butya
rummut

bare avazesko šunutno
kaiuttimet

gitara
kitara

duplo bas
kontrabasso

truba
trumpetti

piano

piano

kemana

viulu

bas

basso

timpani

patarummut

davulia

rumpu

sintisajzeri

kosketinsoitin

saksafoni

saksofoni

flejta

huilu

mikrofoni

mikrofoni

muzikane instrumentia - soittimet

khuvin
sisäänkäynti

tigari
tiikeri

kafezi
häkki

zebra nakhimaski
seepra

hajvanengo parvaripe
eläinten ruoka

panda
panda

hajvania

eläimet

elefanti

norsu

kenguri

kenguru

rino

sarvikuono

gorila

gorilla

ričini

karhu

kamila

kameli

ostriga

strutsi

aslani

leijona

majmuni

apina

flamingo

flamingo

papagali

papukaija

polarno ričini

jääkarhu

pingvini

pingviini

ajkula

hai

pauno

riikinkukko

sap

käärme

krokodilo

krokotiili

zoo arakhutno

eläintarhanhoitaja

foka

hylje

jaguari

jaguaari

poni
poni

leopardi
leopardi

hipo
virtahepo

žirafa
kirahvi

zorale kandžengi paškin
kotka

bali
villisika

mačho
kala

želka
kilpikonna

morži
mursu

lumri
kettu

gazela
gaselli

Amerikako fudbali
amerikkalainen jalkapallo

biciklizmo
pyöräily

tenis
tennis

basketboli
koripallo

nangjovibe
uinti

boksi
nyrkkeily

hokej ko paho
jääkiekko

fudbali
jalkapallo

badminton
sulkapallo

atletika
yleisurheilu

vasteskoboli
käsipallo

skiibe
hiihto

polo
poolo

aktivitetia
aktiviteetit

asaibe
nauraa
hutibe
hypätä
deibe angali
halata
phiribe
kävellä
giljavibe
laulaa
dikhibe suno
unelmoida
azirikeribe
rukoilla
čumibe
suudella

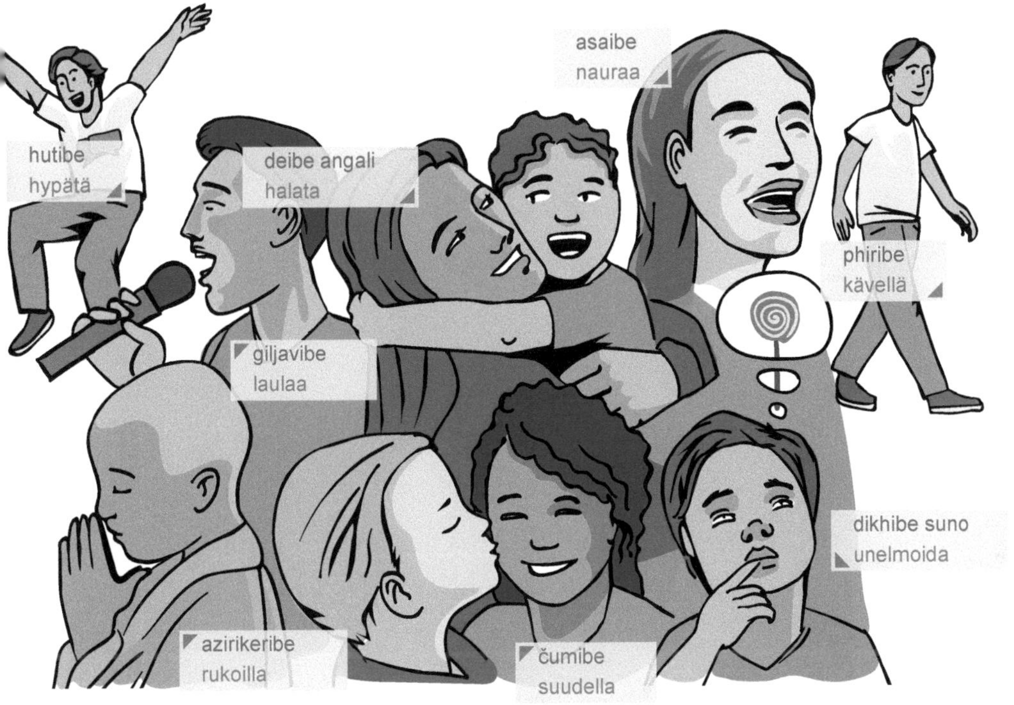

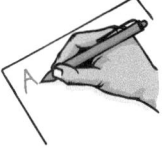

hramovibe
kirjoittaa

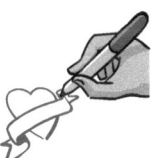

čitribe
piirtää

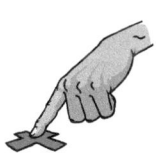

sikavibe
näyttää

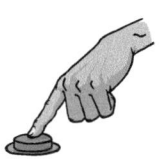

cidljaribe
painaa

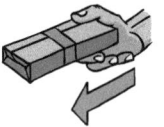

deibe
antaa

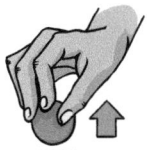

leibe
ottaa

isibe

omistaa

keribe

tehdä

te ovel

olla

tergyovibe

seisoa

prastaibe

juosta

cidibe

vetää

čhudibe

heittää

peribe

kaatua

hovavibe

maata

adžikeribe

odottaa

phiravibe

kantaa

bešibe

istua

urjavibe

pukeutua

sovibe

nukkua

džangavibe

herätä

dikhibe ko

katsoa

rovibe

itkeä

čalavibe

silittää

uhlavibr

kammata

vakeribe

puhua

haljovibe

ymmärtää

puč

kysyä

šunibe

kuunnella

piibe

juoda

habe

syödä

užaribe

siivota

kamibe

rakastaa

keribe habe

keittää

paldibe vordon

ajaa

urjalibe

lentää

aktivitetia - aktiviteetit

vaporea džaibe

purjehtia

kalkulirin

laskea

drabaribe

lukea

sikljovibe

oppia

butikeribe

työskennellä

prandibe

mennä naimisiin

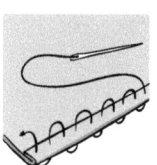

suvibe

ommella

thovibe danda

pestä hampaat

mudaribe

tappaa

piibe dahani

tupakoida

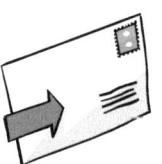

bičhalibe

lähettää

mami
mummo

papu
ukki

dat
isä

daj
äiti

bebe
vauva

čhaj
tytär

čhavo
poika

misafiri

vieras

bibi

täti

kako

setä

phral

veli

phen

sisko

trupo
vartalo

čekat
otsa
jakh
silmä
piko
olkapää
naj
sormet
muj
kasvot
vilica
leuka
vast
käsi
pundro
jalka
čuči
rinta
musik
käsivarsi

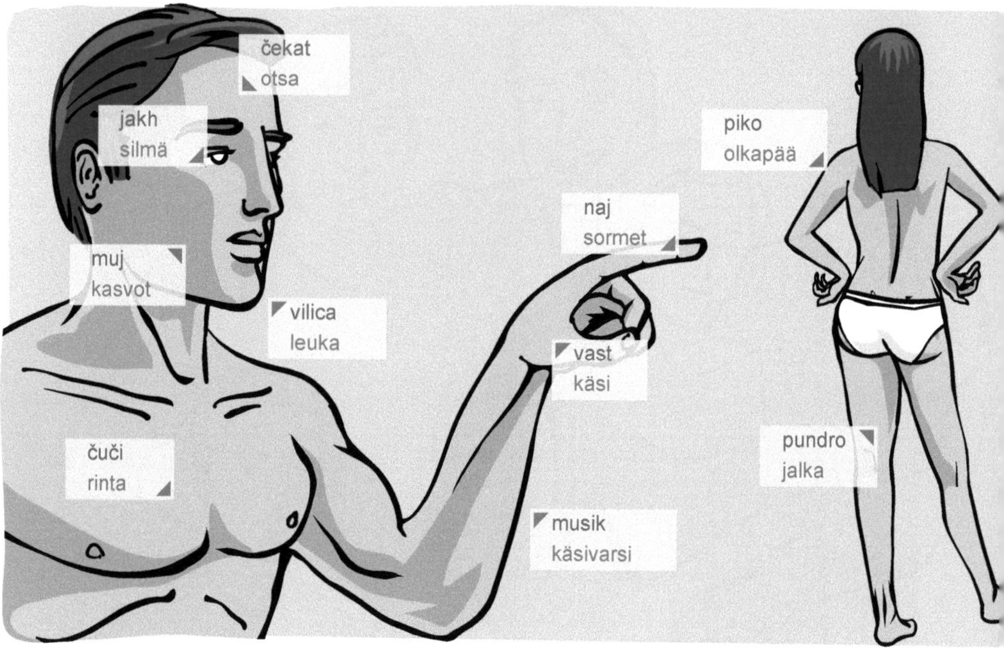

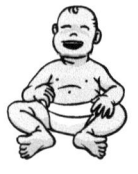

bebe

vauva

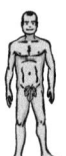

murš

mies

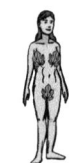

džuvli

nainen

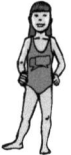

čhaj

tyttö

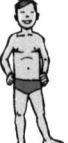

ćhavo

poika

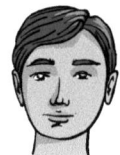

šero

pää

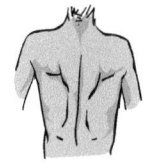

dumo

selkä

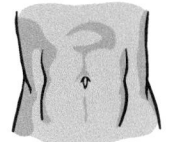

maškar

maha

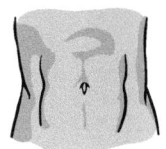

pupko

napa

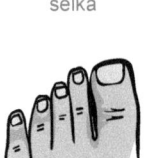

pundrenge naja

varvas

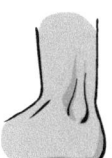

patum

kantapää

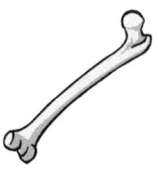

kokalo

luu

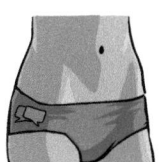

kuko

lantio

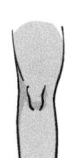

koč

polvi

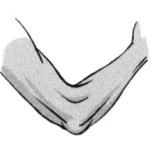

lahci

kyynärpää

nakh

nenä

bul

takapuoli

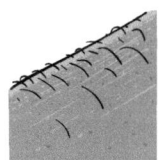

mortik

iho

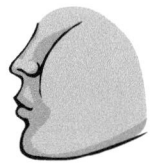

čham

poski

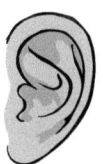

kan

korva

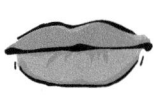

voš

huuli

muj

suu

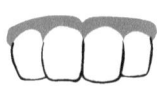

danda

hammas

ćhib

kieli

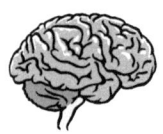

godi

aivot

vilo

sydän

muskulo

lihas

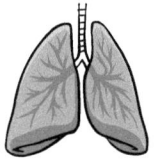

kolin

keuhkot

buko

maksa

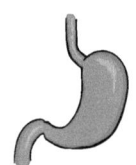

vogi

vatsa

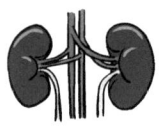

bubrekora

munuaiset

seks

seksi

kondomi

kondomi

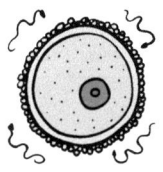

yarengi kletka

munasolu

sperma

sperma

khamnipe

raskaus

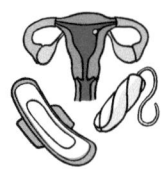

menstruaciya

kuukautiset

vagina

vagina

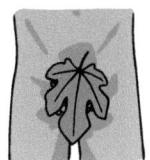

penis

penis

phov

kulmakarvat

bala

hiukset

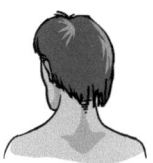

men

niska

hospitalo
sairaala

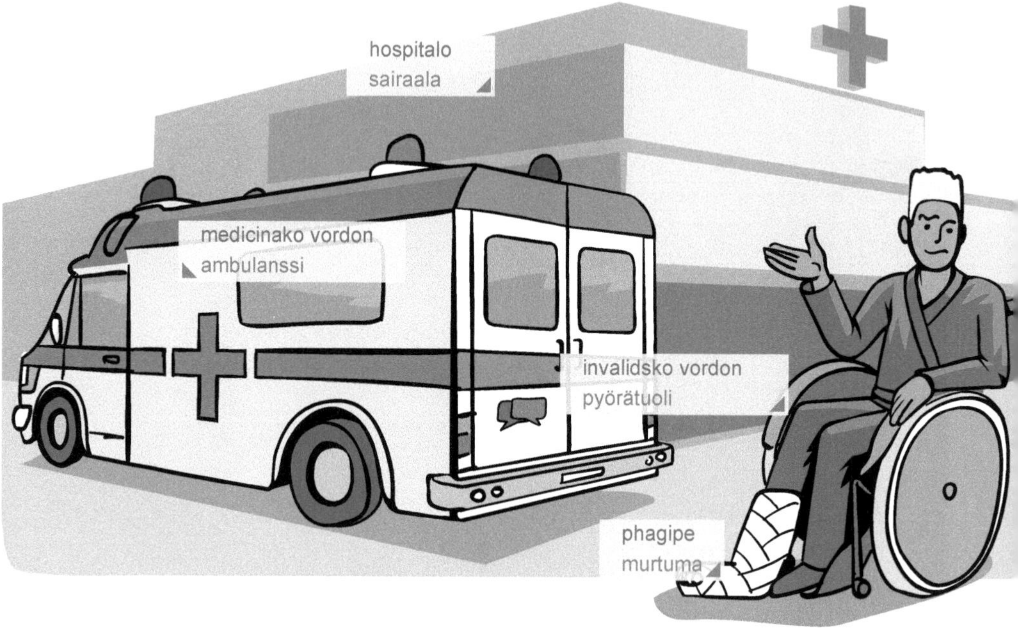

hospitalo
sairaala
medicinako vordon
ambulanssi
invalidsko vordon
pyörätuoli
phagipe
murtuma

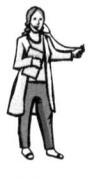

doktoro

lääkäri

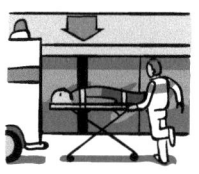

sigyarimaski kamara

ensiapu

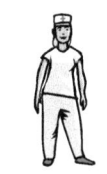

medicinaki phen

sairaanhoitaja

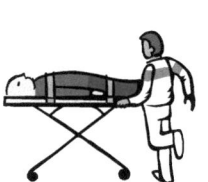

sigyaripen

hätätilanne

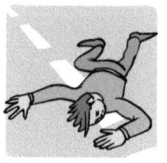

ki koma

tajuton

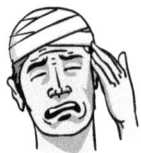

dukh

kipu

dukhavipen

vamma

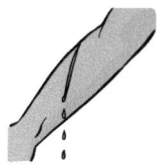

ratvaripe

verenvuoto

infrakto

sydänkohtaus

šlog

aivoinfarkti

alergiya

allergia

khuinibe

yskä

tinanipe

kuume

gripa

flunssa

diyarea

ripuli

šereski dukh

päänsärky

kanceri

syöpä

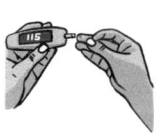

diyabetes

diabetes

operaciya

kirurgi

skalperi

veitsi

operaciya

leikkaus

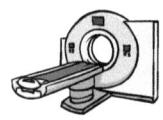

CT
ct

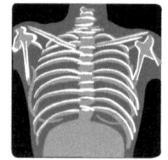

rentgen
röntgen

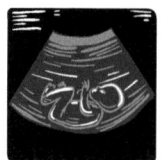

ultra avazo
ultraääni

mujeski maska
maski

nasvalipe
sairaus

adžukyarimasko than
odotushuone

paterica
sauva

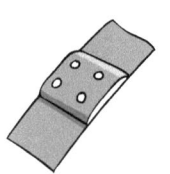

flastero
laastari

phandimaski gaza
side

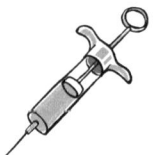

inyekciya
pistos

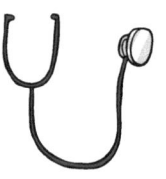

stetoskopo
stetoskooppi

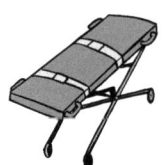

tregero
paarit

klinicko termometro
kuumemittari

biyanipe
syntymä

baro thulipe
ylipaino

ašunimasko aparato

kuulolaite

dezinfekciako

desinfiointiaine

infekciya

infektio

viruso

virus

HIV / SIDA

HIV / AIDS

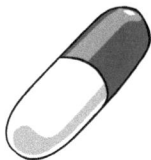

medicina

lääke

vakcinaciya

rokotus

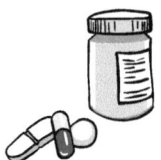

tabletura

tabletit

hapi

pilleri

sigyarimasko akharipe

hätäpuhelu

monitori vaš učo pretisak

verenpainemittari

nasvalo / sasto

sairas / terve

Mažutisar!

Apua!

alarmo

hälytys

atako

ryöstö

atako

hyökkäys

dar buti

vaara

sigyarimasko iklyovipen

hätäuloskäynti

Bari jag!

Tulipalo!

mamuj jagako aparati

palosammutin

bibax

onnettomuus

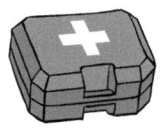

butya avgo ažutimaske

ensiapulaukku

SOS

SOS

Policia

poliisilaitos

Evropa

Eurooppa

Utarali Amerika

Pohjois-Amerikka

Purabali Amerika

Etelä-Amerikka

Afrika

Afrikka

Azija

Aasia

Australia

Australia

Atlantiko

Atlantin valtameri

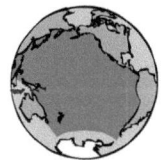

Pacifiko

Tyynimeri

Indiako Okeano

Intian valtameri

Antarktikosko Okeano

Eteläinen jäämeri

Arktikosko Okeano

Pohjoinen jäämeri

Utaralo poli

pohjoisnapa

Purabalo poli
....
etelänapa

Antarktiko
....
Antarktis

phuv
....
maa

phuv
....
maa

samudra
....
meri

džaziri
....
saari

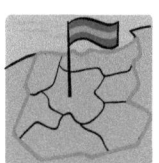

nacija
....
kansa

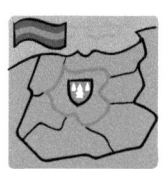

raštra
....
osavaltio

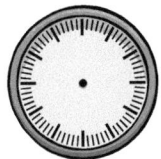

saatosko gendo
....
kellotaulu

saatoski sikavni
....
tuntiviisari

dakikongi sikavni
....
minuuttiviisari

kundarno saatoski sikavin
....
sekuntiviisari

Kozom si o saato?
....
Paljonko kello on?

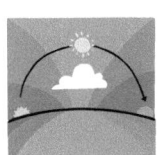

dive
....
päivä

vrama
....
aika

akana
....
nyt

digitalno saato
....
digitaalikello

dakika
....
minuutti

časo
....
tunti

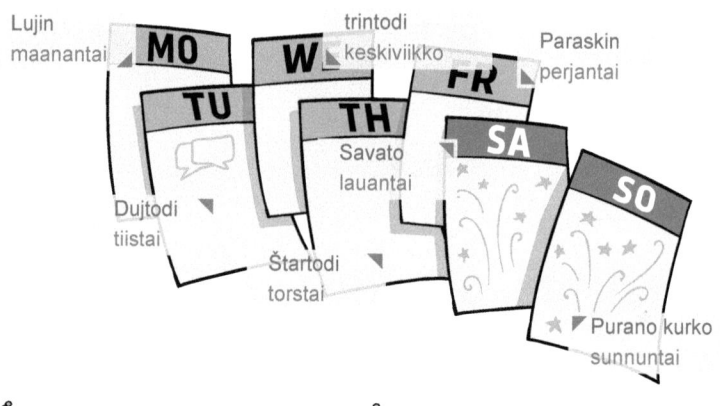

Lujin
maanantai

trintodi
keskiviikko

Paraskin
perjantai

Savato
lauantai

Dujtodi
tiistai

Štartodi
torstai

Purano kurko
sunnuntai

erati
....
eilen

avdive
....
tänään

tajsa
....
huomenna

javin
....
aamu

ekvaš dive
....
keskipäivä

blevel
....
ilta

MO	TU	WE	TH	FR	SA	SU
1	2	3	4	5	6	7
8	9	10	11	12	13	14
15	16	17	18	19	20	21
22	23	24	25	26	27	28
29	30	31	1	2	3	4

butyarne divesa
....
työpäivät

MO	TU	WE	TH	FR	SA	SU
1	2	3	4	5	6	7
8	9	10	11	12	13	14
15	16	17	18	19	20	21
22	23	24	25	26	27	28
29	30	31	1	2	3	4

vikend
....
viikonloppu

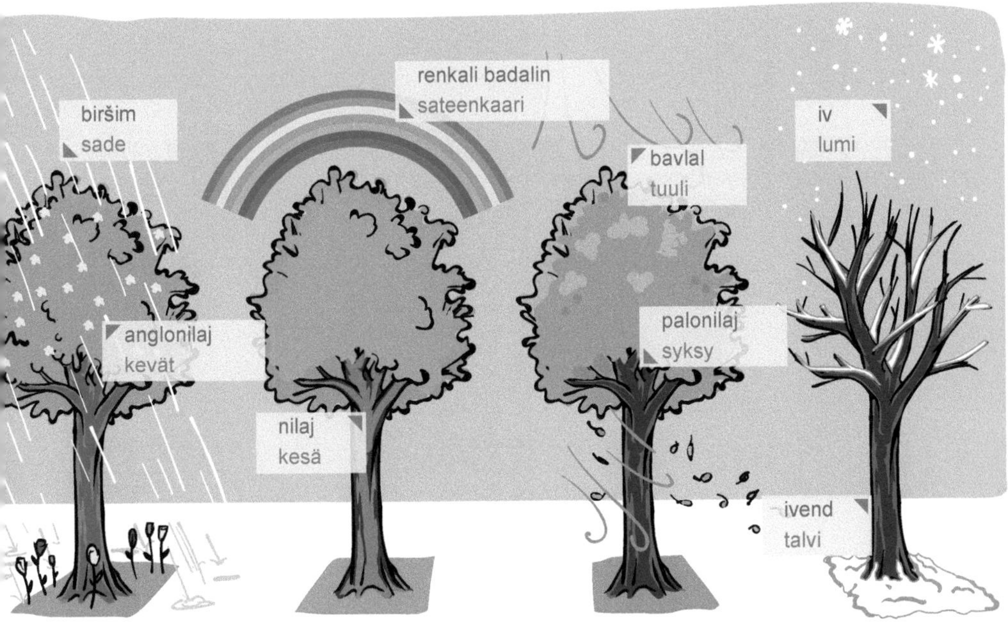

biršim
sade

renkali badalin
sateenkaari

iv
lumi

bavlal
tuuli

anglonilaj
kevät

palonilaj
syksy

nilaj
kesä

ivend
talvi

4.APRIL	11°	☀
5.APRIL	4°	☁
6.APRIL	13°	☂
7.APRIL	8°	❄
8.APRIL	10°	☀

vramakoro vakeribe
....
sääennuste

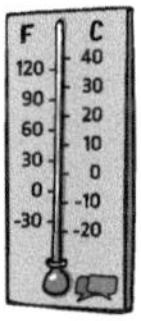

termometro
....
lämpömittari

khamalo
....
auringonpaiste

badal
....
pilvi

muhi
....
sumu

nemlime hava
....
ilmankosteus

šemšekoja

salama

šemšekosko čalavibe

ukkonen

bura

myrsky

kijameti

rae

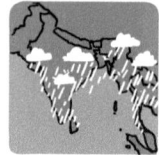

monsuni

monsuuni

baro pani

tulva

paho

jää

Januaro

tammikuu

Februaro

helmikuu

Marto

maaliskuu

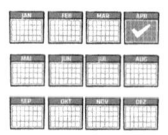

Aprilo

huhtikuu

Majo

toukokuu

Juno

kesäkuu

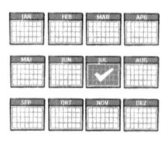

Julo

heinäkuu

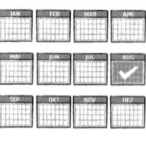

Augusto

elokuu

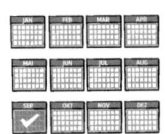

Septembro

syyskuu

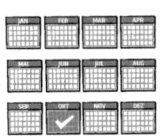

Oktombro

lokakuu

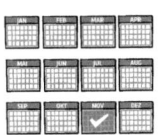

Novembro

marraskuu

Dekembro

joulukuu

forme

muodot

rota

ympyrä

kvadrati

neliö

rektanglo

suorakulmio

trianglo

kolmio

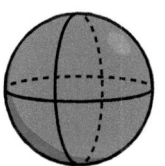

sfera

pallo

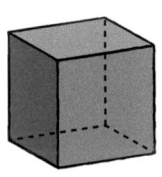

kocka

kuutio

parni

valkoinen

galbeno

keltainen

pomarandža

oranssi

roze

vaaleanpunainen

loli

punainen

lila

violetti

vunato

sininen

harjali

vihreä

kafeno

ruskea

kuršumlija

harmaa

kali

musta

but / hari

paljon / vähän

holjame / mudro

vihainen / ystävällinen

šuži / bišuži

kaunis / ruma

starto / agor

alku / loppu

baro / tikno

suuri / pieni

puterde bojako / phanle bojako

vaalea / tumma

phral / phen

veli / sisko

užo / melalo

puhdas / likainen

sahno / bisahno

täydellinen / epätäydellinen

dive / rat

päivä / yö

mulo / dživdo

kuollut / elävä

buvlo / tank

leveä / kapea

hala pe / na hala pe

syötävä / syömäkelvoton

džungalo / šukar

paha / kiltti

bare vogjea / bi vogjea

innostunut / tylsistynyt

thulo / kišlo

lihava / laiha

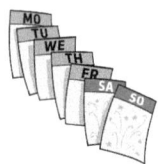

avgo / paluno

ensimmäinen / viimeinen

amal / dušmani

ystävä / vihollinen

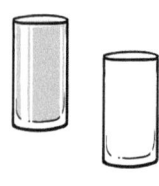

pherdo / čučo

täysi / tyhjä

zoralo / kovlo

kova / pehmeä

pharo / lokho

painava / kevyt

bokh / truš

nälkä / jano

nasvalo / sasto

sairas / terve

ilegalno / legalno

laiton / laillinen

godyaver / bigodyako

älykäs / tyhmä

bajan / dahin

vasen / oikea

paše / dur

lähellä / kaukana

nevo / purano

uusi / käytetty

khanči / vareso

ei mitään / jotain

phuro / terno

vanha / nuori

phabardo / ačhavdo

päällä / pois päältä

puterdo / phanlo

auki / kiinni

mudro / bare avazeskoro

hiljainen / äänekäs

barvalo / čorolo

rikas / köyhä

čačutno / došalo

oikein / väärin

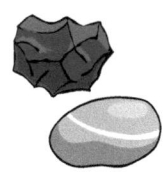

zoralo / kovlo

karhea / sileä

mazuni / lošalo

surullinen / iloinen

skurto / lungo

lyhyt / pitkä

pohari / sigate

hidas / nopea

sapano / šuko

märkä / kuiva

tato / šudro

lämmin / viileä

mareba / sansari

sota / rauha

0

zero
....
nolla

1

jek
....
yksi

2

duj
....
kaksi

3

trin
....
kolme

4

štar
....
neljä

5

panč
....
viisi

6

šov
....
kuusi

7

efta
....
seitsemän

8

ohto
....
kahdeksan

9

enja
....
yhdeksän

10

deš
....
kymmenen

11

dešujek
....
yksitoista

12

dešuduj
kaksitoista

13

dešutrin
kolmetoista

14

dešuštar
neljätoista

15

dešupanč
viisitoista

16

dešušov
kuusitoista

17

dešefta
seitsemäntoista

18

dešohto
kahdeksantoista

19

dešenja
yhdeksäntoista

20

biš
kaksikymmentä

100

šel
sata

1.000

milja
tuhat

1.000.000

milioni
miljoona

Anglicko

englanti

Americko Anglicko

amerikanenglanti

Kinesko Mandarinsko

mandariinikiina

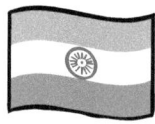

Indisko

hindi

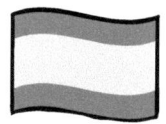

Špansko

espanja

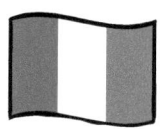

Francusko

ranska

Arapsko

arabia

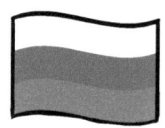

Rusko

venäjä

Portugalsko

portugali

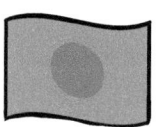

Bengalsko

bengali

Nemicko

saksa

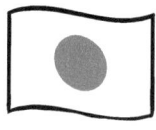

Japansko

japani

thaj

minä

tu

sinä

ov / oj

hän

amen

me

tumen

te

ola

he

ko?

kuka?

so?

mitä / mikä?

sar?

miten?

kote?

missä?

kana?

milloin?

anav

nimi

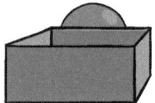

palal
....
takana

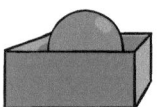

andre
....
sisällä

anglal o
....
edessä

upral
....
yläpuolella

an
....
päällä

telal
....
alapuolella

trujal
....
vieressä

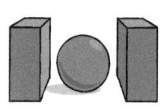

maškaral
....
välissä

than
....
paikka